Maciej Noszczak

T0284502

Sturmgeschütz III
A, B, F, F L43, F/8, G

The first prototypes of the German tank destroyer Sturmgeschütz III (StuG III) were developed in 1937 on the basis of the PzKpfw III Ausf tank. B and were armed with a short-barreled Sturmkanone 37 L/24 cal. 75mm. The first vehicles were built at the Daimler-Benz AG factory. From spring 1942, StuG III was produced with a 75mm StuK 40 gun. Later versions also received the 7.92 mm MG-34 machine gun, mounted in the hull. Sturmgeschütz III were used in separate assault artillery units, and later in assault brigades. Support troops in armoured battalions used them also.

Production of StuG III Ausf. A began in the early 1940s. The vehicle had 14.5 mm thick armour and was armed with 75mm Sturmkanone 37 L/24 gun. They were not used in combat, though. StuG III Ausf. B was equipped with a new modified steering mechanism and slightly widened tracks. In StuG III Ausf. C new panoramic periscope sight was added and some changes have been made to the chassis. StuG III Ausf. D wasn't much different from the previous versions. Some vehicles were equipped with a new and more efficient air filters, as well as an improved cooling system. To StuG III Ausf. E had additional MG-34 machine gun and another radio. The vehicle also had a changed body of the superstructure. StuG 40 Ausf. F was armed with a new 75mm StuK 40 L/43 long-barrel gun. StuG 40 Ausf. F/8 was built on the chassis of the PzKpfw III Ausf. L tank, which resulted in a thickening of the rear armour up to 50mm and modifications to the vehicle suspension. Later F/8 versions introduced additional 30mm thick hull armour. StuG 40 Ausf. G was based on the PzKpfw III Ausf. M chassis and equipped with a new commander's observation tower with periscopes. A cast gun yoke has also been introduced. From 1944 StuG 40 Ausf. G was equipped with two machine guns.

Pierwsze prototypy niemieckiego niszczyciela czołgów Sturmgeschütz III (StuG III) powstały w 1937 roku na bazie czołgu PzKpfw III Ausf. B i były uzbrojone w krótkolufową armatę Sturmkanone 37 L/24 kal. 75 mm. Pierwsze pojazdy zostały zbudowane w fabryce Daimler-Benz AG. Od wiosny 1942 roku StuG III produkowano w wersji z działem StuK 40 kal. 75 mm. Późniejsze wersje otrzymały również karabin maszynowy MG-34 kal. 7,92 mm, montowany w kadłubie. Sturmgeschütz III znajdowały się na wyposażeniu wyodrębnionych jednostek artylerii szturmowej, a w późniejszym czasie brygad dział szturmowych. Miały je także oddziały wsparcia w związkach pancernych.

Produkcję StuG III Ausf. A rozpoczęto na początku 1940 roku. Pojazd posiadał pancerz o grubości 14,5 mm oraz działo Sturmkanone 37 L/24 kal. 75 mm. Nie zostały użyte bojowo. StuG III Ausf. B wyposażono w nowy zmodyfikowany mechanizm kierowniczy oraz lekko poszerzone gąsienice. W StuG III Ausf. C dodano nowy peryskopowy celownik panoramiczny oraz wprowadzono pewne zmiany w podwoziu. Wersja StuG III Ausf. D niewiele różniła się od poprzednich. Część pojazdów wyposażono w nowe, wydajniejsze filtry powietrza i ulepszony układ chłodzenia. Do StuG III Ausf. E dodano karabin maszynowy MG-34 oraz dodatkową radiostację. Pojazd posiadał także zmienioną bryłę nadbudówki. StuG 40 Ausf. F był uzbrojony w nowe działo długolufowe StuK 40 L/43 kal. 75 mm. StuG 40 Ausf. F/8 został zbudowany na podwoziu czołgu PzKpfw III Ausf. L, co skutkowało pogrubieniem tylnego pancerza do 50 mm oraz modyfikacjami w zawieszeniu pojazdu. W późniejszych wersjach F/8 wprowadzono dodatkowe opancerzenie kadłuba o grubości 30 mm. StuG 40 Ausf. G został skonstruowany na podwoziu PzKpfw III Ausf. M oraz wyposażony w nową wieżyczkę obserwacyjną dowódcy z peryskopami. Wprowadzono ponadto odlewaną osłonę jarzma działa. Od roku 1944 StuG 40 Ausf. G był wyposażony w dwa karabiny maszynowe.

Sturmgeschütz III A, B, F, F L43, F/8, G • Maciej Noszczak
First edition / Wydanie pierwsze • LUBLIN 2020 • ISBN 978-83-66148-89-5

Translation / Tłumaczenie: **Stanisław Powała-Niedźwiecki** • Color profiles / Plansze barwne: **Arkadiusz Wróbel**, **Sławomir Zajączkowski** • Scale drawings / Rysunki techniczne: **Maciej Noszczak** • Design: **KAGERO STUDIO**

Distribution / Dystrybucja: Kagero Publishing • www.kagero.pl • e-mail: kagero@kagero.pl, marketing@kagero.pl
Editorial Office, Marketing / Redakcja, Marketing: Kagero Publishing, ul. Akacjowa 100, os. Borek, Turka, 20-258 Lublin 62, Poland, phone/fax +48 81 501 21 05

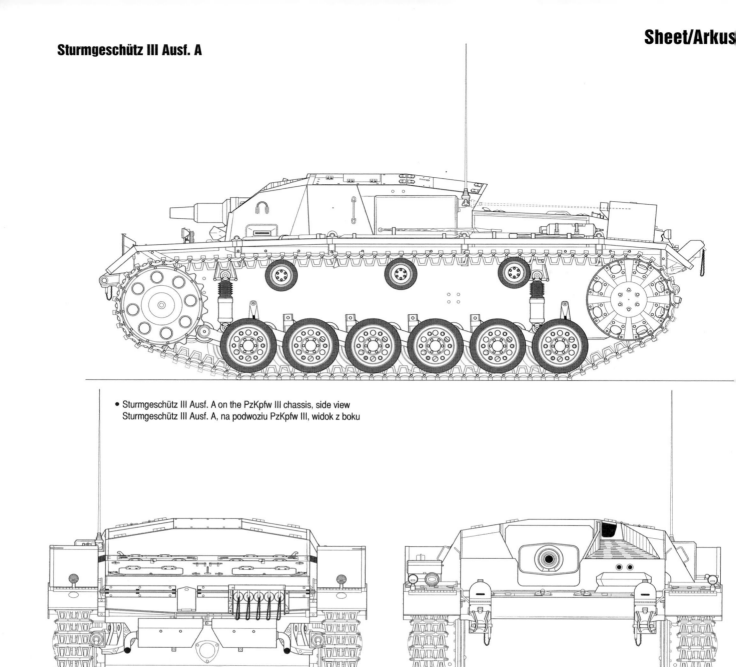

- Sturmgeschütz III Ausf. A on the PzKpfw III chassis, side view
  Sturmgeschütz III Ausf. A, na podwoziu PzKpfw III, widok z boku

- Sturmgeschütz III Ausf. A,
  rear view / widok z tyłu

- Sturmgeschütz III Ausf. A,
  front view / widok z przodu

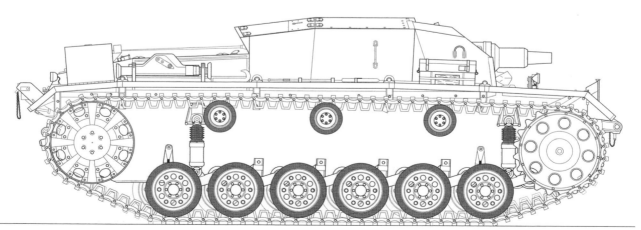

- Sturmgeschütz III Ausf. A,
  side view / widok z boku

TOPDRAWINGS
Drawings/rysował: © Maciej Noszczak

Sturmgeschütz III

KAGERO

Scale/Skala

www.kage
www.shop.kage

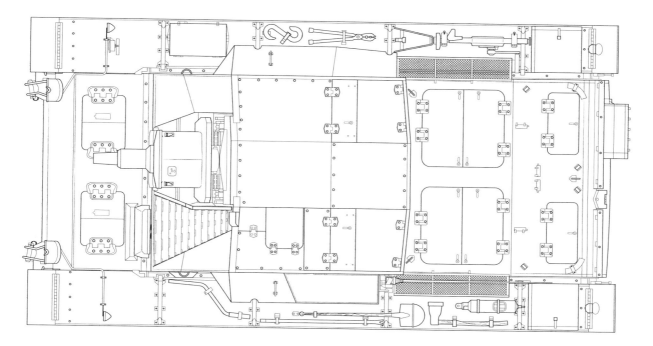

- Sturmgeschütz III Ausf. A,
  top view / widok z góry

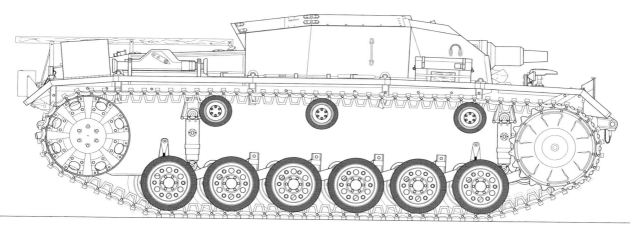

- Sturmgeschütz III Ausf. B,
  side view / widok z boku

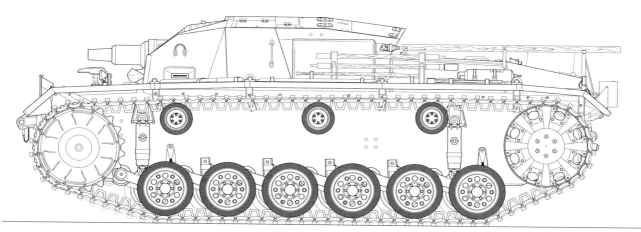

- Sturmgeschütz III Ausf. B,
  side view / widok z boku

KAGERO

Scale/Skala 1/35

www.kagero.eu
www.shop.kagero.pl

Sturmgeschütz III Ausf. B, Ausf. F L/48

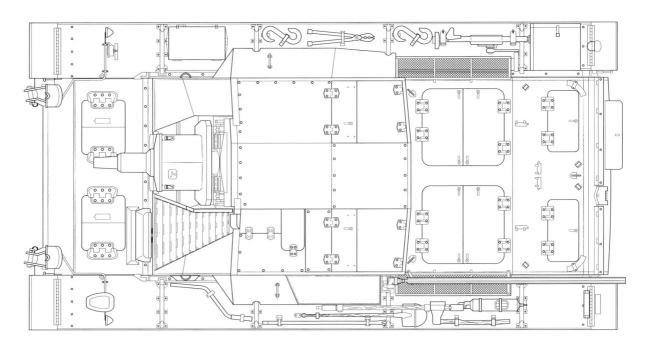

● Sturmgeschütz III Ausf. B,
top view / widok z góry

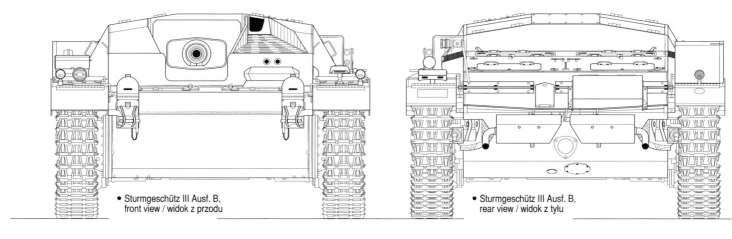

● Sturmgeschütz III Ausf. B,
front view / widok z przodu

● Sturmgeschütz III Ausf. B,
rear view / widok z tyłu

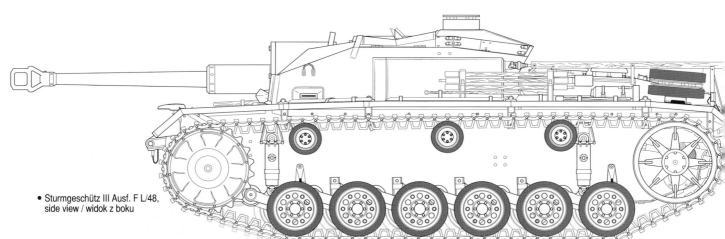

● Sturmgeschütz III Ausf. F L/48,
side view / widok z boku

TOPDRAWINGS
Drawings/rysował: © Maciej Noszczak

Sturmgeschütz III

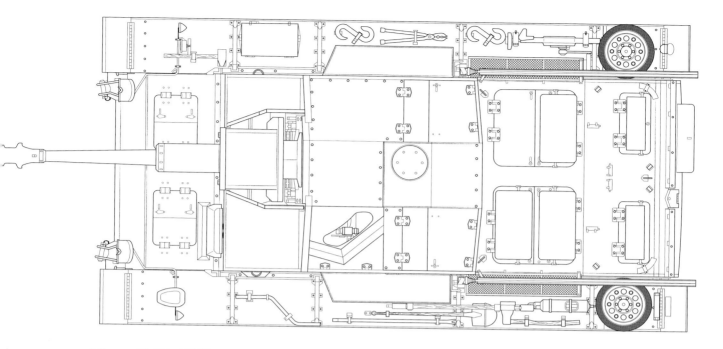

- Sturmgeschütz III Ausf. F L/43,
  top view / widok z góry

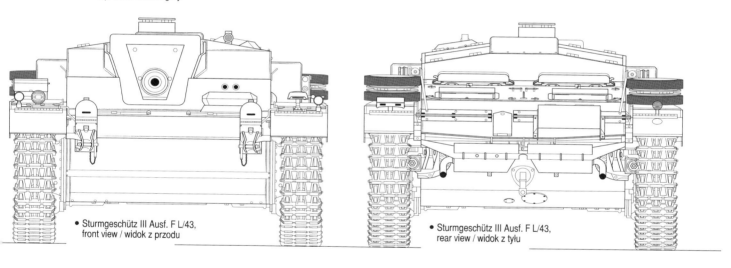

- Sturmgeschütz III Ausf. F L/43,
  front view / widok z przodu

- Sturmgeschütz III Ausf. F L/43,
  rear view / widok z tyłu

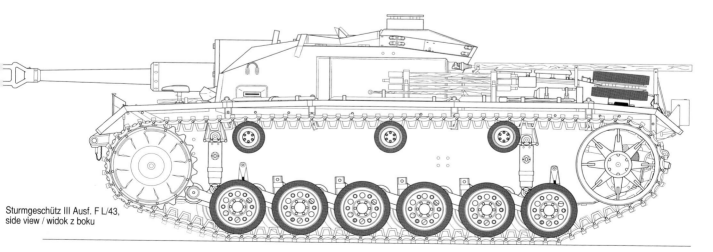

- Sturmgeschütz III Ausf. F L/43,
  side view / widok z boku

OPDRAWINGS
ngs/rysował: © Maciej Noszczak

rmgeschütz III

KAGERO

Scale/Skala 1/35

www.kagero.eu
www.shop.kagero.pl

Sturmgeschütz III Ausf. F/8

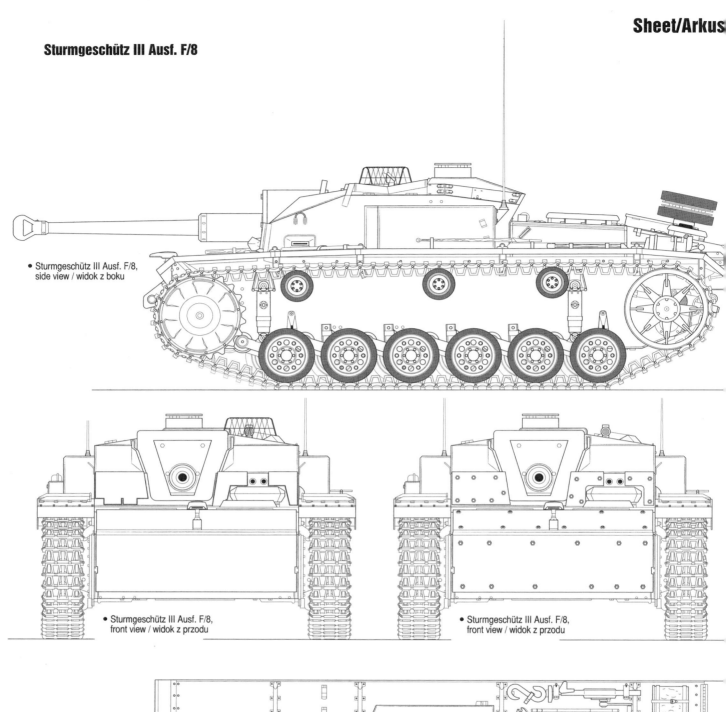

- Sturmgeschütz III Ausf. F/8,
  side view / widok z boku

- Sturmgeschütz III Ausf. F/8,
  front view / widok z przodu

- Sturmgeschütz III Ausf. F/8,
  front view / widok z przodu

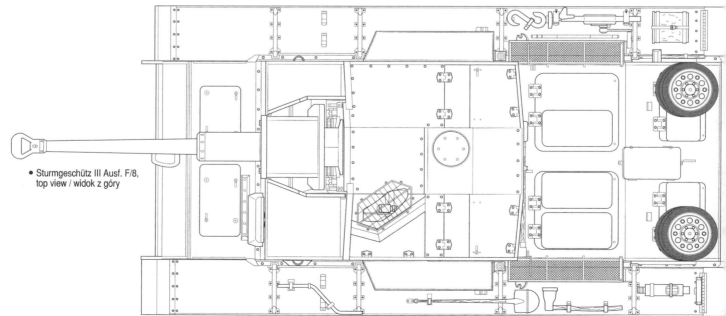

- Sturmgeschütz III Ausf. F/8,
  top view / widok z góry

Sturmgeschütz III

KAGERO

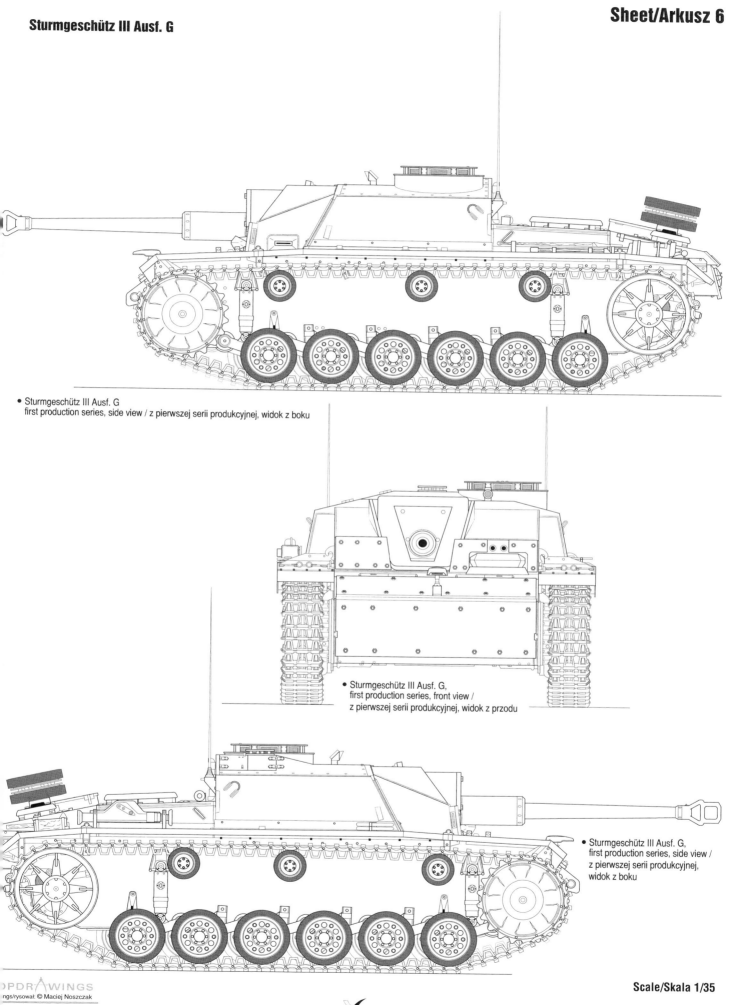

• Sturmgeschütz III Ausf. G
first production series, side view / z pierwszej serii produkcyjnej, widok z boku

• Sturmgeschütz III Ausf. G,
first production series, front view /
z pierwszej serii produkcyjnej, widok z przodu

• Sturmgeschütz III Ausf. G,
first production series, side view /
z pierwszej serii produkcyjnej,
widok z boku

TOPDRAWINGS
drawings/rysował: © Maciej Noszczak

Sturmgeschütz III

KAGERO

Scale/Skala 1/35

www.kagero.eu
www.shop.kagero.pl

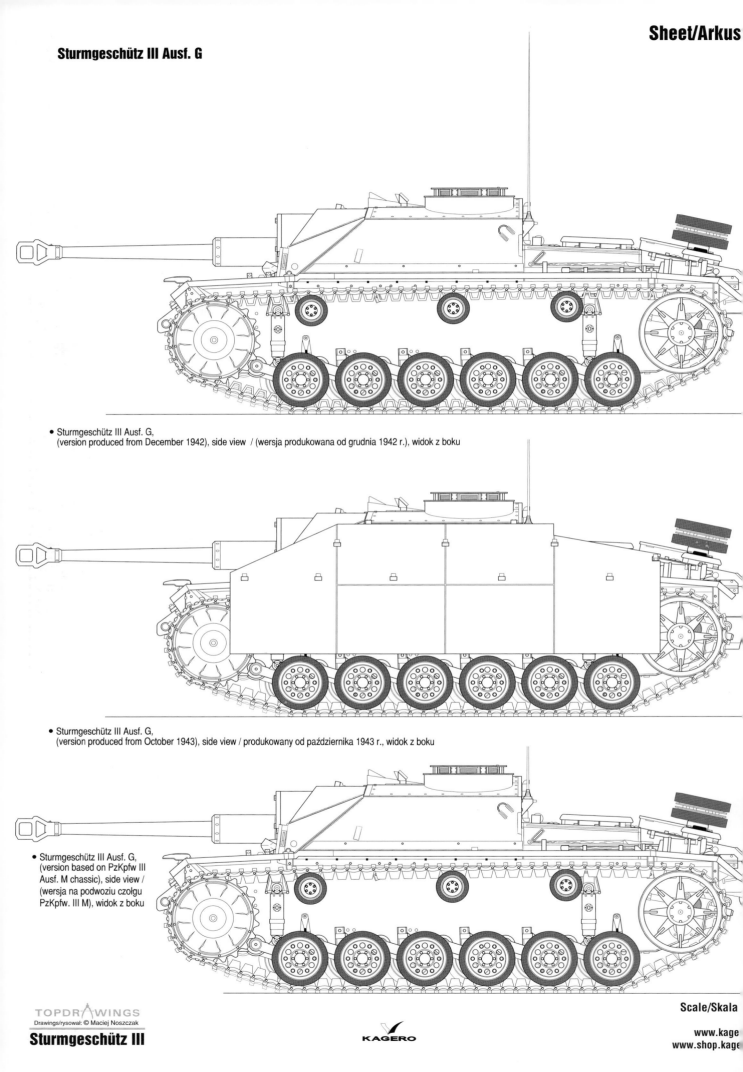

Sheet/Arkus

Sturmgeschütz III Ausf. G

- Sturmgeschütz III Ausf. G,
  (version produced from December 1942), side view / (wersja produkowana od grudnia 1942 r.), widok z boku

- Sturmgeschütz III Ausf. G,
  (version produced from October 1943), side view / produkowany od października 1943 r., widok z boku

- Sturmgeschütz III Ausf. G,
  (version based on PzKpfw III Ausf. M chassic), side view /
  (wersja na podwoziu czołgu PzKpfw. III M), widok z boku

TOPDRAWINGS
Drawings/rysował: © Maciej Noszczak

Sturmgeschütz III

KAGERO

Scale/Skala

www.kage
www.shop.kage

StuG III Ausf. B of 3rd battery 203rd Assault Guns Brigade. Russia, 1941.
StuG III Ausf. B, 3. bateria, 203. Brygada Dział Szturmowych. Rosja 1941 rok.

StuG III Ausf. C of 191st Assault Guns Battalion. Greece, 1941.
StuG III Ausf.C, 191. Batalion Dział Szturmowych. Grecja 1941 rok.

Painted by / Malował:
Arkadiusz Wróbel

StuG III Ausf. D of 232nd Assault Guns Brigade. East Prussia, March, 1941.

StuG III Ausf. D, 232. Brygada Dział Szturmowych. Prusy Wschodnie, marzec 1945 roku.

StuG III Ausf. E of Infantry Division "Ferdinand von Schill". Berlin area, April, 1945.

StuG III Ausf. E, Dywizja Piechoty „Ferdinand von Schill". Rejon Berlina, kwiecień 1945 roku.

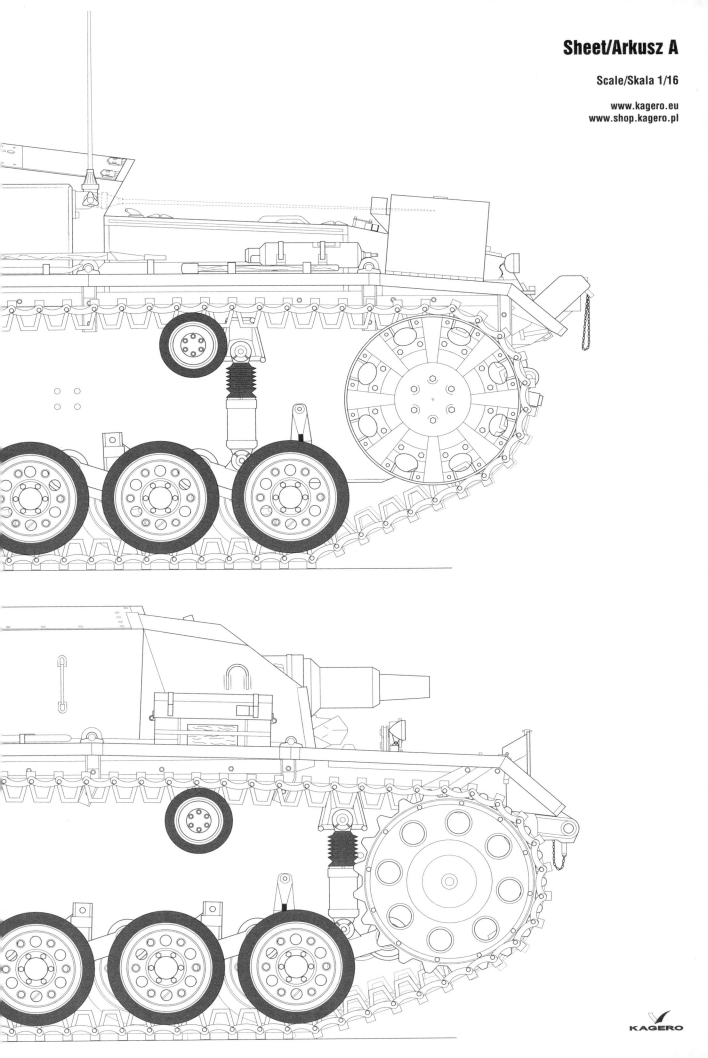

KAGERO

Sturmgeschütz III Ausf. B

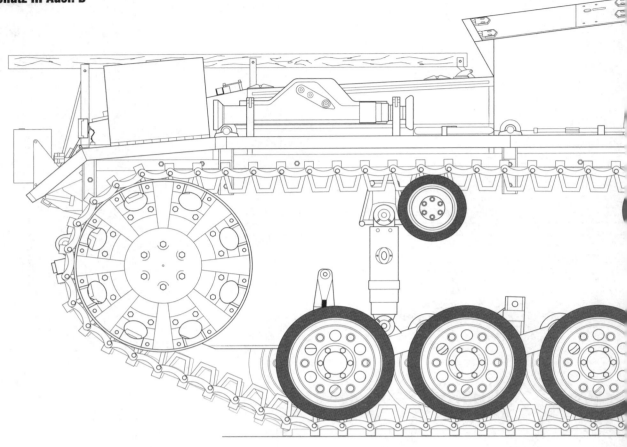

- Sturmgeschütz III Ausf. B,
  side view / widok z boku

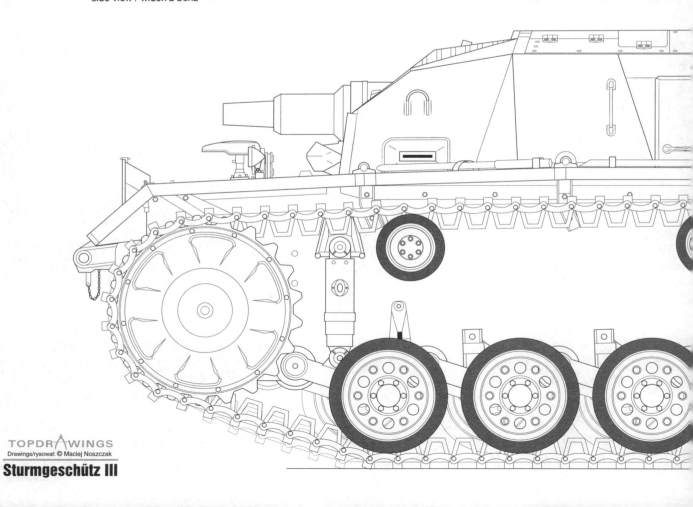

Sturmgeschütz III

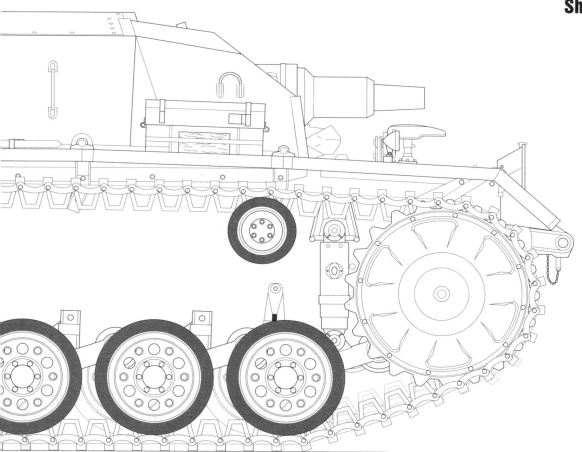

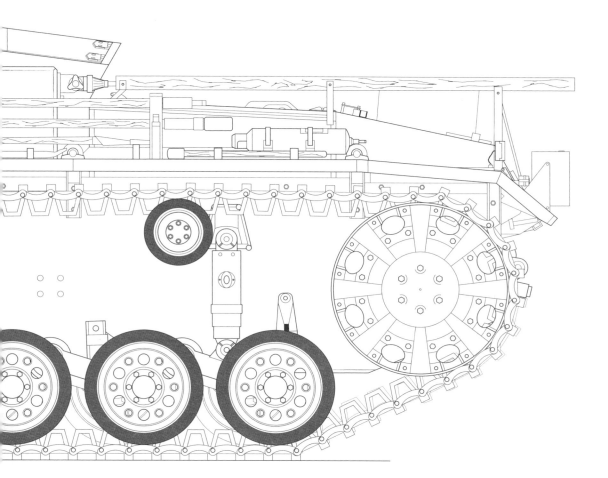

Sturmgeschütz III Ausf. A

- Sturmgeschütz III Ausf. A,
  based on PzKpfw chassis, side view /
  na podwoziu PzKpfw III, widok z boku

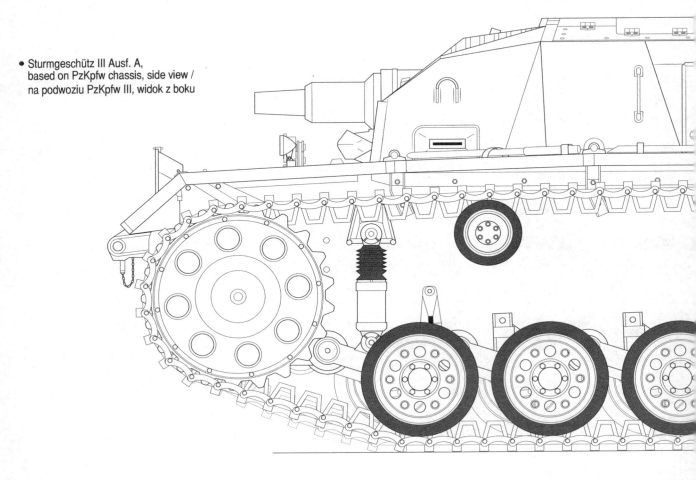

- Sturmgeschütz III Ausf. A,
  side view / widok z boku

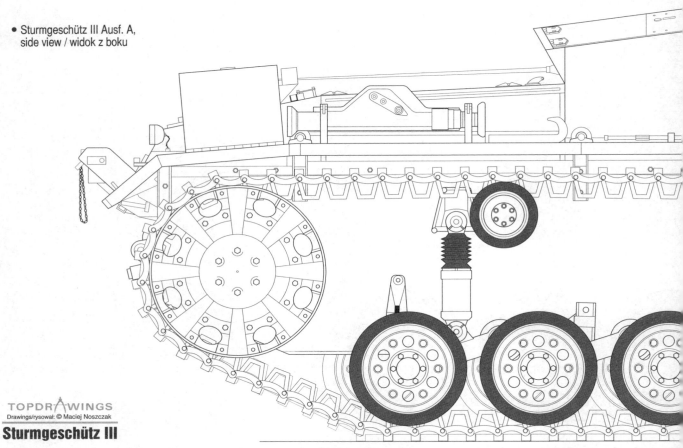

StuG III Ausf. F of SS Panzer Grenadier Division "Totenkopf". Charkov, 1943.

StuG III Ausf. F, Dywizja Grenadierów Pancernych SS „Totenkopf". Charków 1943 rok.

Sturmgeschütz III Ausf. F/8 "001" from Pz.Jg.Abt.61, 11th Panzer Division, France, September 1944.

Sturmgeschütz III Ausf. F/8 o numerze taktycznym 001 z Pz.Jg.Abt.61 należącego do 11. Dywizji Pancernej, Francja, wrzesień 1944 roku.

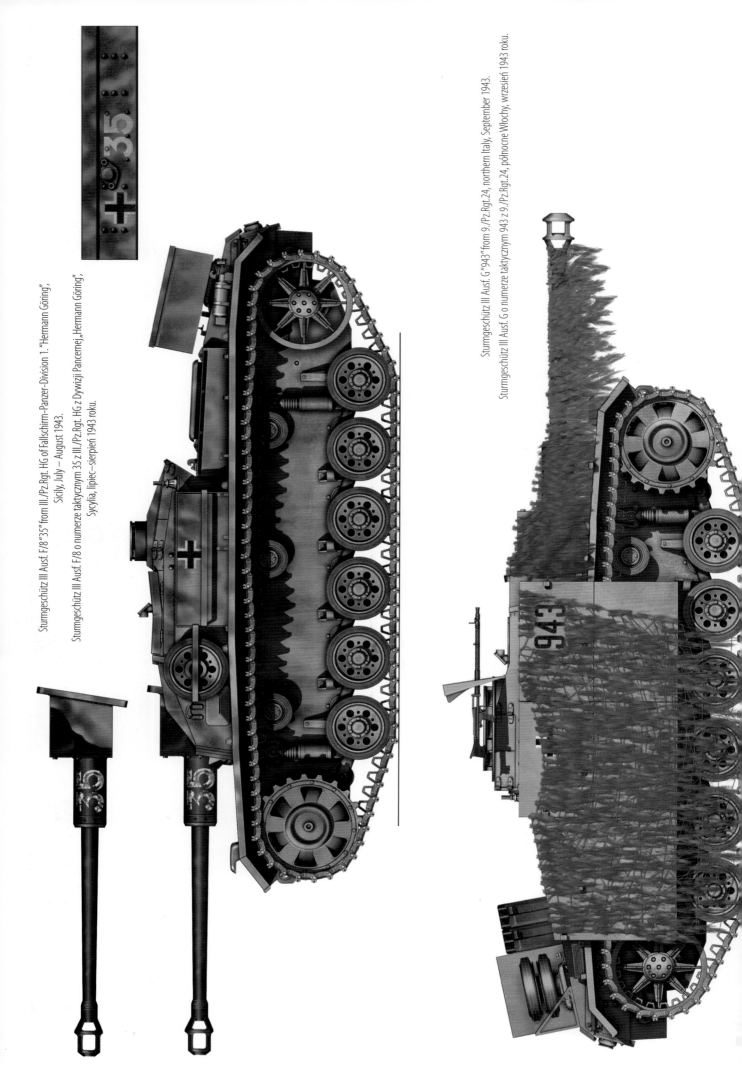

Sturmgeschütz III Ausf. F/8 "35" from III./Pz.Rgt. HG of Fallschirm-Panzer-Division 1. "Hermann Göring",
Sicily, July – August 1943.

Sturmgeschütz III Ausf. F/8 o numerze taktycznym 35 z III./Pz.Rgt. HG z Dywizji Pancernej "Hermann Göring",
Sycylia, lipiec–sierpień 1943 roku.

Sturmgeschütz III Ausf. G "943" from 9./Pz.Rgt.24, northern Italy, September 1943.

Sturmgeschütz III Ausf. G o numerze taktycznym 943 z 9./Pz.Rgt.24, północne Włochy, wrzesień 1943 roku.

Sturmgeschütz III Ausf. G

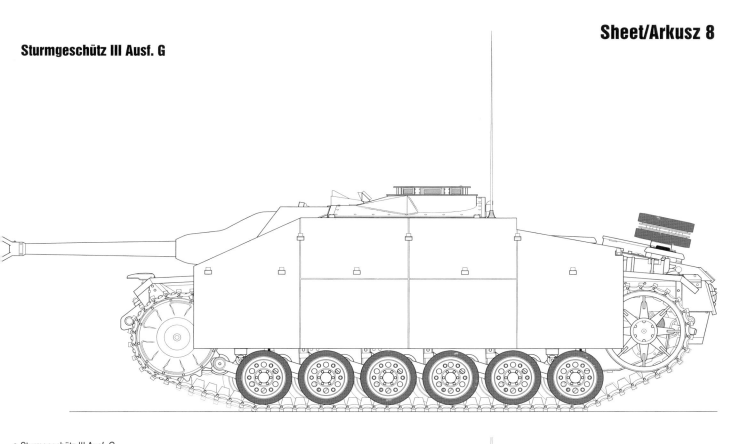

- Sturmgeschütz III Ausf. G,
  (version produced from November 1942), side view / (wersja produkowana od listopada 1942 r.), widok z boku

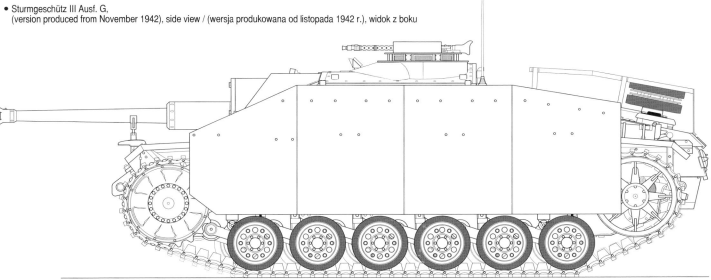

- Sturmgeschütz III Ausf. G,
  (version produced from April 1944), side view / (wersja produkowana od kwietnia 1944 r.), widok z boku

rmgeschütz III Ausf. G,
rsion produced from June 1944),
e view / (wersja produkowana od
rwca 1944 r.), widok z boku

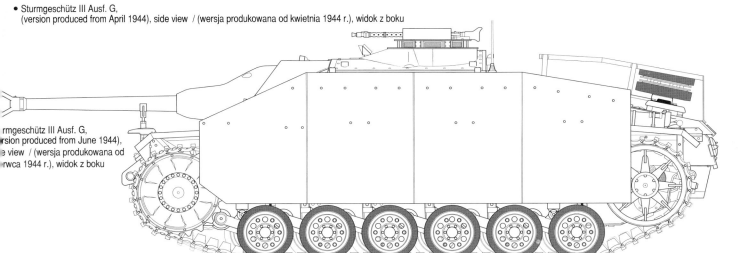

rmgeschütz III

TOPDR⚙WINGS
Drawings/rysował: © Maciej Noszczak

Sturmgeschütz III

Sturmgeschütz III Ausf. A, Ausf. B

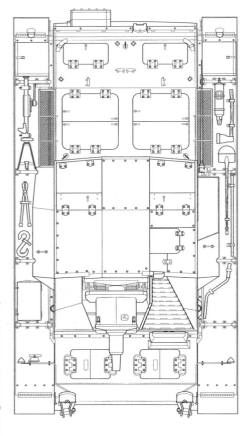

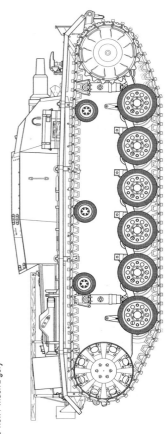

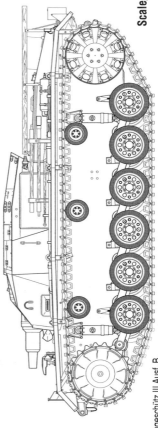

- Sturmgeschütz III Ausf. A,
  top view / widok z góry

- Sturmgeschütz III Ausf. B,
  side view / widok z boku

- Sturmgeschütz III Ausf. B,
  side view / widok z boku

Scale/Skala 1/48

www.kagero.eu

Sturmgeschütz III Ausf. A

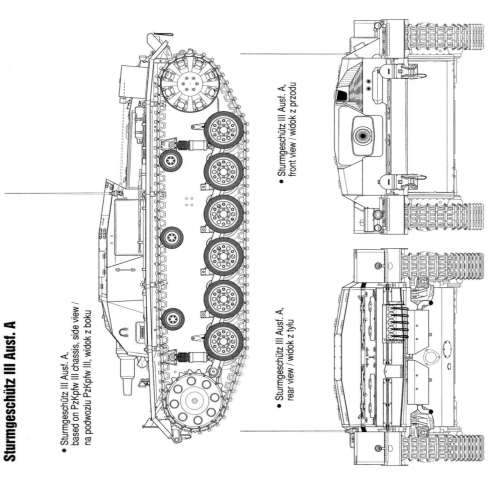

- Sturmgeschütz III Ausf. A,
  based on PzKpfw III chassis, side view /
  na podwoziu PzKpfw III, widok z boku

- Sturmgeschütz III Ausf. A,
  front view / widok z przodu

- Sturmgeschütz III Ausf. A,
  rear view / widok z tyłu

- Sturmgeschütz III Ausf. A,
  side view / widok z boku

Sturmgeschütz III Ausf. F L/43

Sturmgeschütz III

Sturmgeschütz III Ausf. B, Ausf. F L/48

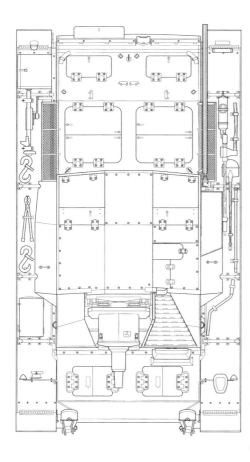

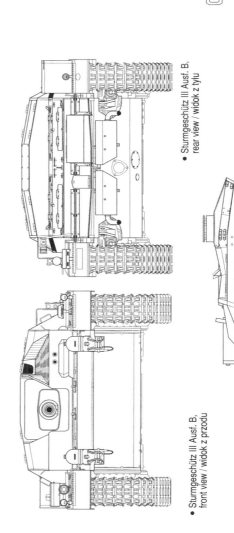

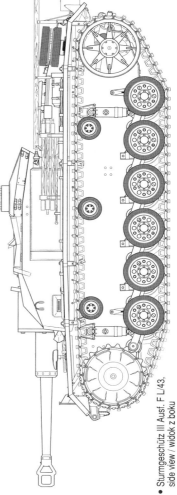

- Sturmgeschütz III Ausf. F L/43, top view / widok z góry

- Sturmgeschütz III Ausf. F L/43, rear view / widok z tyłu

- Sturmgeschütz III Ausf. F L/43, front view / widok z przodu

- Sturmgeschütz III Ausf. F L/43, side view / widok z boku

- Sturmgeschütz III Ausf. B, top view / widok z góry

- Sturmgeschütz III Ausf. B, rear view / widok z tyłu

- Sturmgeschütz III Ausf. B, front view / widok z przodu

- Sturmgeschütz III Ausf. F L/48, side view / widok z boku

www.kagero.eu
www.shop.kagero.pl

KAGERO

Scale/Skala 1/48

TOPDRAWINGS
Drawings/rysował: © Maciej Noszczak
Sturmgeschütz III

Sturmgeschütz III Ausf. G

Sturmgeschütz III Ausf. F/8

- Sturmgeschütz III Ausf. G
  first production series, side view /
  pierwszej serii produkcyjnej, widok z boku

- Sturmgeschütz III Ausf. G,
  first production series, front view /
  pierwszej serii produkcyjnej,
  widok z przodu

- Sturmgeschütz III Ausf. G,
  first production series, side view /
  pierwszej serii produkcyjnej,
  widok z boku

- Sturmgeschütz III Ausf. F/8,
  side view / widok z boku

- Sturmgeschütz III Ausf. F/8,
  front view / widok z przodu

- Sturmgeschütz III Ausf. F/8,
  front view / widok z przodu

- Sturmgeschütz III
  Ausf. F/8,
  top view /
  widok z góry

KAGERO

KAGERO

Sturmgeschütz III Ausf. G

Scale/Skala 1/48

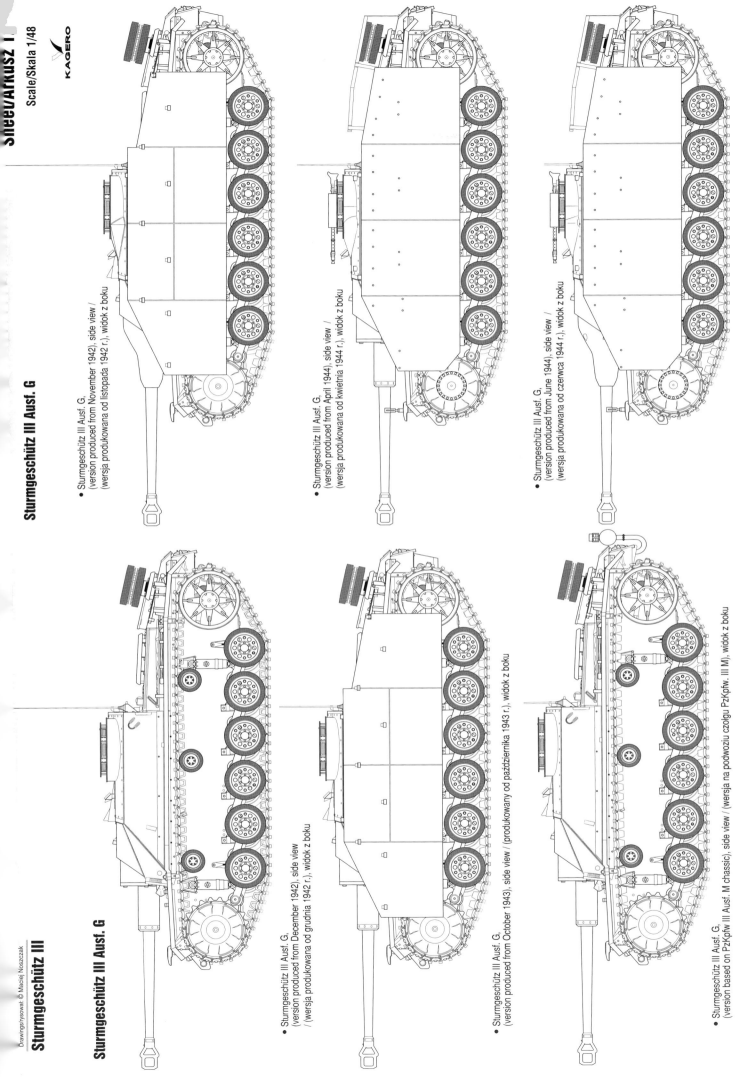

Drawings/rysował © Maciej Noszczak

Sturmgeschütz III

Sturmgeschütz III Ausf. G

- Sturmgeschütz III Ausf. G,
  (version produced from November 1942), side view /
  / (wersja produkowana od listopada 1942 r.), widok z boku

- Sturmgeschütz III Ausf. G,
  (version produced from April 1944), side view /
  (wersja produkowana od kwietnia 1944 r.), widok z boku

- Sturmgeschütz III Ausf. G,
  (version produced from June 1944), side view /
  (wersja produkowana od czerwca 1944 r.), widok z boku

- Sturmgeschütz III Ausf. G,
  (version produced from December 1942), side view
  / (wersja produkowana od grudnia 1942 r.), widok z boku

- Sturmgeschütz III Ausf. G,
  (version produced from October 1943), side view / (produkowany od października 1943 r.), widok z boku

- Sturmgeschütz III Ausf. G,
  (version based on PzKpfw III Ausf. M chassic), side view / (wersja na podwoziu czołgu PzKpfw. III M), widok z boku

TOPDRAWINGS
Drawings/rysował: © Maciej Noszczak

Sturmgeschütz III

Sturmgeschütz III Ausf. B, Ausf. F L/48

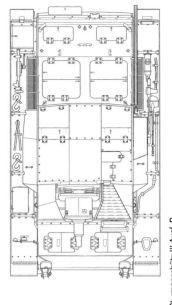

- Sturmgeschütz III Ausf. B,
  top view / widok z góry

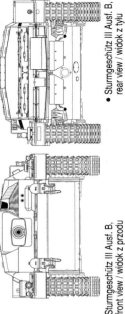

- Sturmgeschütz III Ausf. B,
  front view / widok z przodu

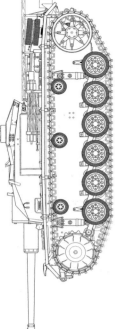

- Sturmgeschütz III Ausf. B,
  rear view / widok z tyłu

- Sturmgeschütz III Ausf. F L/48,
  side view / widok z boku

Sturmgeschütz III Ausf. A, Ausf. B

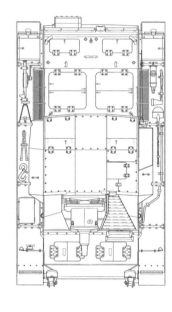

- Sturmgeschütz III Ausf. A,
  top view / widok z góry

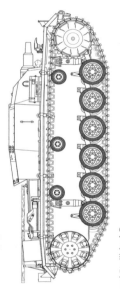

- Sturmgeschütz III Ausf. B,
  side view / widok z boku

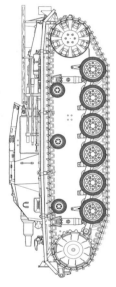

- Sturmgeschütz III Ausf. B,
  side view / widok z boku

Sturmgeschütz III Ausf. A

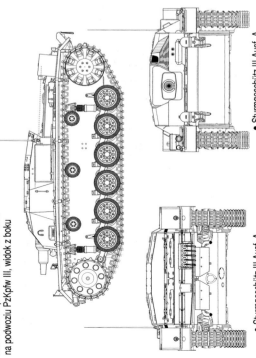

- Sturmgeschütz III Ausf. A,
  based on PzKpfw III chassis, side view /
  na podwoziu PzKpfw III, widok z boku

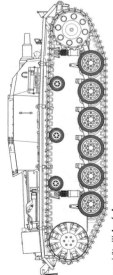

- Sturmgeschütz III Ausf. A,
  front view / widok z przodu

- Sturmgeschütz III Ausf. A,
  rear view / widok z tyłu

- Sturmgeschütz III Ausf. A,
  side view / widok z boku

www.kagero.eu

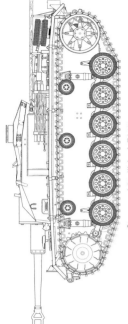

- Sturmgeschütz III Ausf. F L/43,
top view / widok z góry

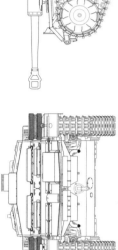

- Sturmgeschütz III Ausf. F L/43,
front view / widok z przodu

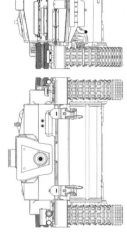

- Sturmgeschütz III Ausf. F L/43,
rear view / widok z tylu

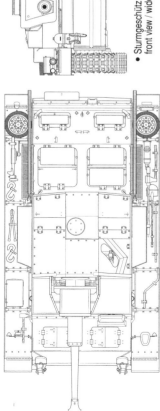

- Sturmgeschütz III Ausf. F L/43,
side view / widok z boku

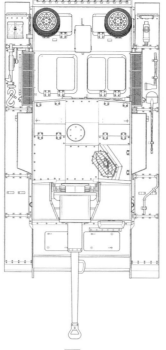

- Sturmgeschütz III Ausf. F/8,
top view / widok z góry

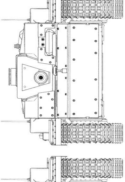

- Sturmgeschütz III Ausf. F/8,
front view / widok z przodu

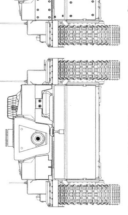

- Sturmgeschütz III Ausf. F/8,
front view / widok z przodu

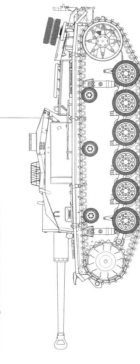

Sturmgeschütz III Ausf. F/8

- Sturmgeschütz III Ausf. F/8,
side view / widok z boku

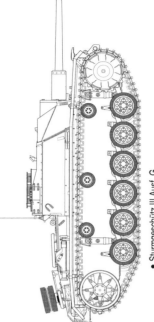

- Sturmgeschütz III Ausf. G,
first production series, side view /
pierwszej serii produkcyjnej, widok z boku

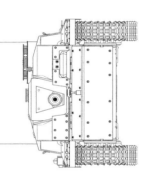

- Sturmgeschütz III Ausf. G,
first production series, front view /
pierwszej serii produkcyjnej, widok z przodu

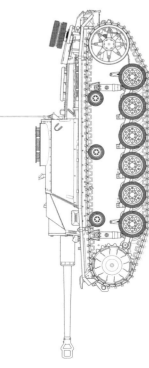

Sturmgeschütz III Ausf. G

- Sturmgeschütz III Ausf. G
first production series, side view / pierwszej serii produkcyjnej, widok z boku

KAGERO
TOPDRAWINGS
Drawings/rysował © Maciej Noszczak

Scale/Skala 1/72

Sturmgeschütz III

www.kagero.eu
www.shop.kagero.pl

Sturmgeschütz III

Sturmgeschütz III Ausf. G

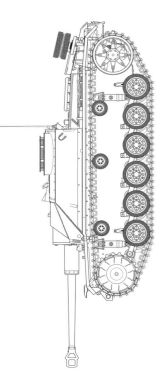

- Sturmgeschütz III Ausf. G,
(version produced from December 1942), side view /
(wersja produkowana od grudnia 1942 r.), widok z boku

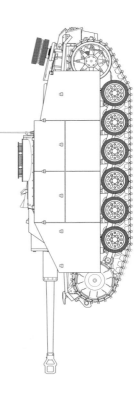

- Sturmgeschütz III Ausf. G,
(version produced from October 1943), side view /
(produkowany od października 1943 r.), widok z boku

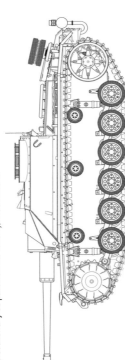

- Sturmgeschütz III Ausf. G,
(version based on PzKpfw III Ausf. M chassic), side view /
(wersja na podwoziu czołgu PzKpfw. III M), widok z boku

Sturmgeschütz III Ausf. G

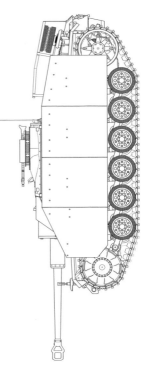

- Sturmgeschütz III Ausf. G,
(version produced from November 1942), side view /
(wersja produkowana od listopada 1942 r.), widok z boku

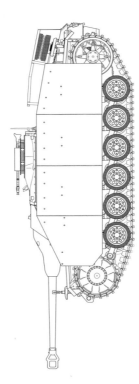

- Sturmgeschütz III Ausf. G,
(version produced from April 1944), side view /
(wersja produkowana od kwietnia 1944 r.), widok z boku

- Sturmgeschütz III Ausf. G,
(version produced from June 1944), side view /
(wersja produkowana od czerwca 1944 r.), widok z boku